党委会的工作方法

毛泽东

人民出版社

出版说明

　　为落实习近平总书记就学习毛泽东同志《党委会的工作方法》作出的重要批示，配合中共中央组织部印发的《关于学习贯彻习近平总书记重要批示精神加强党委（党组）领导班子建设的通知》要求，方便广大党员领导干部学习重温毛泽东同志这篇著作，我们特从《毛泽东选集》第四卷中摘选出该文，单行刊印出版。

人民出版社

2016 年 2 月 26 日

目　　录

党委会的工作方法*

毛 泽 东

一、党委书记要善于当"班长"。党的委员会有一二十个人，像军队的一个班，书记好比是"班长"。要把这个班带好，的确不容易。目前各中央局、分局都领导很大的地区，担负很繁重的任务。领导工作不仅要决定方针政策，还要制定正确的工作方法。有了正确的方针政策，如果在工作方法上疏忽了，还是要发生问题。党委要完成自己的领导任务，就必须依靠党委这"一班人"，充分发挥他们的作用。书记要当好"班长"，就应该很好地学习和研究。书记、

---

　*　这是毛泽东在中国共产党第七届中央委员会第二次全体会议上所作的结论的一部分。

1

副书记如果不注意向自己的"一班人"作宣传工作和组织工作，不善于处理自己和委员之间的关系，不去研究怎样把会议开好，就很难把这"一班人"指挥好。如果这"一班人"动作不整齐，就休想带领千百万人去作战，去建设。当然，书记和委员之间的关系是少数服从多数，这同班长和战士之间的关系是不一样的。这里不过是一个比方。

二、要把问题摆到桌面上来。不仅"班长"要这样做，委员也要这样做。不要在背后议论。有了问题就开会，摆到桌面上来讨论，规定它几条，问题就解决了。有问题而不摆到桌面上来，就会长期不得解决，甚至一拖几年。"班长"和委员还要能互相谅解。书记和委员，中央和各中央局，各中央局和区党委之间的谅解、支援和友谊，比什么都重要。这一点过去大家不注意，七次代表大会以来，在这方面大有进步，友好团结关系大大增进了。今后仍然应该不断注意。

三、"互通情报"。就是说，党委各委员之间要把彼此知道的情况互相通知、互相交流。这对于取得共同的语言是很重要的。有些人不是这样做，而是像老子说的"鸡犬之声相闻，老死不相往来"[1]，结果彼此之间就缺乏共同的语言。我们有些高级干部，在马克思列宁主义的基本理论问题上也有不同的语言，原因是学习还不够。现在党内的语言比较一致了，但是，问题还没有完全解决。例如，在土地改革中，对什么是"中农"和什么是"富农"，就还有不同的了解。

四、不懂得和不了解的东西要问下级，不要轻易表示赞成或反对。有些文件起草出来压下暂时不发，就是因为其中还有些问题没有弄清楚，需要先征求下级的意见。我们切不可强不知以为知，要"不耻下问"[2]，要善于倾听下面干部的意见。先做学生，然后再做先生；先向下面干部请教，然后再下命令。各中央局、各前委处理问题的时候，除军事情况紧急和事情已经弄清楚者外，都应该这样办。这不会影响自己的威信，而只会增加自己的威信。我们做出的决定包括了下面干部提出的正确意见，他们当然拥护。下面干部的话，有正确的，也有不正确的，听了以后要加以分析。对正确的意见，必须听，并且照它做。中央领导之所以正确，主要是由于综合了各地供给的材料、报告和正确的意见。如果各地不来材料，不提意见，中央就很难正确地发号施令。对下面来的错误意见也要听，根本不听是不对的；不过听了而不照它做，并且要给以批评。

五、学会"弹钢琴"。弹钢琴要十个指头都动作，不能有的动，有的不动。但是，十个指头同时都按下去，那也不成调子。要产生好的音乐，十个指头的动作要有节奏，要互相配合。党委要抓紧中心工作，又要围绕中心工作而同时开展其他方面的工作。我们现在管的方面很多，各地、各军、各部门的工作，都要照顾到，不能只注意一部分问题而把别的丢掉。凡是有问题的地方都要点一下，这个方法我们一定要学会。钢琴有人弹得好，有人弹得不好，这两种人弹出来的调子差别很大。党委的同志必须学好"弹钢琴"。

六、要"抓紧"。就是说，党委对主要工作不但一定要"抓"，而且一定要"抓紧"。什么东西只有抓得很紧，毫不放松，才能抓住。抓而不紧，等于不抓。伸着巴掌，当然什么也抓不住。就是把手握起来，但是不握紧,样子像抓,还是抓不住东西。我们有些同志,也抓主要工作,但是抓而不紧,所以工作还是不能做好。不抓不行,抓而不紧也不行。

七、胸中有"数"。这是说,对情况和问题一定要注意到它们的数量方面,要有基本的数量的分析。任何质量都表现为一定的数量,没有数量也就没有质量。我们有许多同志至今不懂得注意事物的数量方面,不懂得注意基本的统计、主要的百分比,不懂得注意决定事物质量的数量界限,一切都是胸中无"数",结果就不能不犯错误。例如,要进行土地改革,对于地主、富农、中农、贫农各占人口多少,各有多少土地,这些数字就必须了解,才能据以定出正确的政策。对于何谓富农,何谓富裕中农,有多少剥削收入才算富农,否则就算富裕中农,这也必须找出一个数量的界限。在任何群众运动中,群众积极拥护的有多少,反对的有多少,处于中间状态的有多少,这些都必须有个基本的调查,基本的分析,不可无根据地、主观地决定问题。

八、"安民告示"。开会要事先通知,像出安民告示一样,让大家知道要讨论什么问题,解决什么问题,并且早作准备。有些地方开干部会,事前不准备好报告和决议草案,等开会的人到了才临时凑合,好像"兵马已到,粮草未备",这是不好的。如果没有准备,就不要急于开会。

九、"精兵简政"。讲话、演说、写文章和写决议案,都应当简明扼要。会议也不要开得太长。

十、注意团结那些和自己意见不同的同志一道工作。不论在地方上或部队里,都应该注意这一条。对党外人士也是一样。我们都是从五湖四海汇集拢来的,我们不仅要善于团结和自己意见相同的同志,而且要善于团结和自己意见不同的同志一道工作。我们当中还有犯过很大错误的人,不要嫌这些人,要准备和他们一道工作。

十一、力戒骄傲。这对领导者是一个原则问题,也是保持团结的一个重要条件。就是没有犯过大错误,而且工作有了很大成绩的人,也不要骄傲。禁止给党的领导者祝寿,禁止用党的领导者的名字作地名、街名和企业的名字,保持艰苦奋斗作风,制止歌功颂德现象。

十二、划清两种界限。首先,是革命还是反革命？是延安还是西安〔3〕？有些人不懂得要划清这种界限。例如，他们反对官僚主义，就把延安说得好似"一无是处"，而没有把延安的官僚主义同西安的官僚主义比较一下，区别一下。这就从根本上犯了错误。其次，在革命的队伍中，要划清正确和错误、成绩和缺点的界限，还要弄清它们中间什么是主要的，什么是次要的。例如，成绩究竟是三分还是七分？说少了不行，说多了也不行。一个人的工作，究竟是三分成绩七分错误，还是七分成绩三分错误，必须有个根本的估计。如果是七分成绩，那末就应该对他的工作基本上加以肯定。把成绩为主说成错误为主，那就完全错了。我们看问题一定不要忘记划清这两种界限：革命和反革命的界限，成绩和缺点的界限。记着这两条界限，事情就好办，否则就会把问题的性质弄混淆了。自然，要把界限划好，必须经过细致的研究和分析。我们对于每一个人和每一件事，都应该采取分析研究的态度。

我和政治局的同志觉得，要有以上这些方法，才能把党委的工作搞好。除了开好代表大会以外，党的各级委员会把自己的领导工作做好，是极为重要的。我们一定要讲究工作方法,把党委的领导工作提高一步。

注　释

〔1〕见《老子》第八十章。原文是:"邻国相望,鸡犬之声相闻,民至老死不相往来。"

〔2〕见《论语·公冶长》。原文是:"敏而好学,不耻下问。"

〔3〕延安是一九三七年一月至一九四七年三月中共中央的所在地,西安则是国民党反动派在西北的统治中心。毛泽东以此来比喻革命和反革命。

图书在版编目（CIP）数据

党委会的工作方法/毛泽东 著. -北京：人民出版社,2016.2
ISBN 978－7－01－015898－3

I.①党… Ⅱ.①毛… Ⅲ.①毛泽东著作-选集②中国共产党-
党委-工作方法 Ⅳ.①A424②D267

中国版本图书馆 CIP 数据核字（2016）第 040548 号

党委会的工作方法

DANGWEIHUI DE GONGZUO FANGFA

毛泽东　著

人 民 出 版 社 出版发行
（100706　北京市东城区隆福寺街 99 号）

北京中科印刷有限公司印刷　新华书店经销

2016 年 2 月第 1 版　2016 年 2 月北京第 3 次印刷
开本：880 毫米×1230 毫米 1/32　印张：0.5
字数：8 千字　印数：300,001-400,000 册

ISBN 978－7－01－015898－3　定价：4.00 元

邮购地址 100706　北京市东城区隆福寺街 99 号
人民东方图书销售中心　电话（010）65250042　65289539